Harry

Por United Library

https://campsite.bio/unitedlibrary

Índice

Descargo de responsabilidad

Este libro biográfico es una obra de no ficción basada en la vida pública de una persona famosa. El autor ha utilizado información de dominio público para crear esta obra. Aunque el autor ha investigado a fondo el tema y ha intentado describirlo con precisión, no pretende ser un estudio exhaustivo del mismo. Las opiniones expresadas en este libro son exclusivamente las del autor y no reflejan necesariamente las de ninguna organización relacionada con el tema. Este libro no debe tomarse como un aval, asesoramiento jurídico o cualquier otra forma de consejo profesional. Este libro se ha escrito únicamente con fines de entretenimiento.

Introducción

El libro Harry Kane ofrece una exploración en profundidad de la extraordinaria carrera del sensacional futbolista inglés Harry Edward Kane. Desde sus inicios en el Tottenham Hotspur hasta convertirse en capitán de la selección inglesa y, posteriormente, hacer historia como el fichaje más caro de la historia de la Bundesliga por el Bayern de Múnich, la trayectoria de Kane es un testimonio de su innegable talento y su incansable ética de trabajo.

El libro se adentra en el ascenso de Kane a través de las filas, destacando sus estancias en préstamo en varios clubes y su ascenso bajo Mauricio Pochettino. Reconocido como uno de los mejores jugadores del mundo y un goleador prolífico, el impacto de Kane en el campo va más allá de marcar goles, con su excepcional juego de enlace que lo distingue.

Los lectores revivirán las extraordinarias temporadas de Kane, incluida su Bota de Oro consecutiva en la Premier League y su papel clave en el subcampeonato del Tottenham. La narración explora el máximo rendimiento de Kane en la temporada 2017-18, en la que marcó la impresionante cifra de 41 goles en todas las competiciones.

El libro también recorre la trayectoria internacional de Kane, desde su destacado debut con la selección absoluta de Inglaterra hasta liderar al equipo como capitán en la Copa Mundial de la FIFA 2018, ganando la Bota de Oro como máximo goleador del torneo. Su liderazgo continuó en la Eurocopa 2020, donde llevó a Inglaterra a su primera gran final en décadas.

Este libro ofrece un retrato íntimo de un icono del fútbol, con una crónica de los altibajos de su carrera, al tiempo que celebra su condición de máximo goleador de todos los tiempos tanto del Tottenham Hotspur como de la selección inglesa.

Harry Kane

Harry Edward Kane (Walthamstow, 28 de julio de 1993) es un futbolista inglés que juega de delantero centro. Actualmente juega en el Bayern de Múnich. Pasó 19 años en el Tottenham, incluido el equipo juvenil. Actualmente es el máximo goleador del equipo londinense y el segundo máximo goleador de la historia de la Premier League.

Kane hizo historia con su selección al ser el máximo goleador de la Copa Mundial de la FIFA 2018 y, junto a la selección inglesa, alcanzar las semifinales del torneo, algo que no conseguían desde hacía 28 años. En marzo de 2023, se convirtió en el máximo goleador histórico de su equipo, superando a Wayne Rooney.

Carreras profesionales

Inicio

Kane jugó en varios clubes de Inglaterra durante sus años de formación, entre ellos el Arsenal, el mayor rival del club que le revelaría años más tarde, el Tottenham Hotspur.

Tottenham

Se incorporó a *los Spurs* en 2004, con 11 años, y en la temporada 2009-10, jugando para los sub-18 del club, marcó la impresionante cifra de 18 goles en 22 partidos.

2009-10

Esa misma temporada fue ascendido al primer equipo del Tottenham, apareciendo en el banquillo en algunos partidos de la Copa de la FA y de la Copa de la Liga, como contra el Everton el 27 de octubre de 2009 y contra el Bolton el 24 de febrero de 2010, pero sin llegar a disputar ningún encuentro.

2010-11

Para adquirir experiencia, el jugador fue cedido al Leyton Orient, que por aquel entonces militaba en la Football League One, el equivalente a la tercera división inglesa.

Esa temporada, el jugador pudo por fin debutar como profesional. Ocurrió en la jornada 27, cuando los londinenses se enfrentaron al Rochdale A.F.C. y empataron 1-1. En el siguiente partido, Kane marcó su primer gol. Los Reds se enfrentaron al Sheffield Wednesday F.C. y lograron vencerlo por 4-0. El segundo gol del partido lo marcó Harry, con una asistencia de Dean Cox.

En la 32ª jornada de la League One, Kane demostraría más de su habilidad al marcar dos goles en el partido contra el Bristol Rovers. Al final del partido, el Leyton había ganado 4-1. Kane marcó los dos últimos goles del partido jugando sólo 20 minutos.

Al final de la temporada, Harry había jugado 18 partidos y marcado cinco goles. A discreción del entrenador, el jugador no disputó ningún partido de la Copa de Inglaterra esa temporada y vio cómo su equipo era eliminado por el Arsenal en una derrota por 5-0 en la 5ª ronda de clasificación.

La temporada del club londinense fue regular, pero sólo terminó séptimo en su división nacional, a un punto de clasificarse para los play-offs de la EFL Championship, la segunda categoría del fútbol inglés.

Tottenham (vuelve de préstamo)

Tras ser cedido al Leyton Orient, Kane debutó como profesional con el Tottenham el 25 de agosto de 2011 en *los play-off de* la Europa League de esa temporada. El partido contra el Hearts escocés no trae buenos recuerdos al delantero, ya que falló un penalti en su debut. Esta temporada también marcó su primer gol con el Tottenham. Fue en la victoria por 4-0 contra el Shamrock Rovers en otro partido de la Europa League. Al final de su etapa, sólo disputó 6 partidos y marcó 1 gol.

Millwall (préstamo)

Con poco espacio en el club, Harry fue cedido de nuevo a un equipo de la Segunda División londinense. Esta vez firmó por el Millwall hasta el final de la temporada. En el club, Kane fue responsable de ayudar al equipo a alejarse de la zona de descenso. Con sólo 18 años, el jugador marcó 9 goles en 28 partidos con el club del sur de Londres. Sobre las actuaciones del jugador, el entonces entrenador del Millwall, Joe Gallen, dijo:

Al final de su segunda cesión, Kane recibió el premio al Mejor Jugador Joven del Millwall por sus actuaciones esa temporada.

Tottenham (vuelve de préstamo)

De vuelta a su club de origen, Kane estuvo disponible para jugar en el primer partido de la Premier League de 2012-13 contra el Newcastle United el 18 de agosto de 2012, jugando 5 minutos en la derrota de *los Spurs* por 2-1. Ese fue su único partido con la camiseta principal de los Spurs esa temporada. Harry fue enviado entonces a jugar con el Tottenham Sub-21 para tener más tiempo de juego.

Norwich City (préstamo)

El Tottenham decidió ceder a Kane a un equipo que jugara en la Premier League esa temporada. Así que enviaron al jugador a firmar un contrato de cesión con el Norwich City. Debutó el 15 de septiembre de 2012 en un empate a cero contra el West Ham. El jugador pasó a sufrir una lesión en el metatarso y no volvería a jugar hasta diciembre.

Tras meses sin jugar con el primer equipo, Kane regresa a su club. Saltó al terreno de juego el 29 de diciembre de 2012 y jugó 46 minutos en la derrota de su equipo por 4-3 ante el Manchester City. En esa competición, Harry sólo jugaría un partido más, que tuvo lugar en el encuentro siguiente a esa derrota. El partido en cuestión fue contra el West Ham en la 21ª jornada de la Premier League. El Norwich perdió 2-1, y Kane disputó 70 minutos. Al final de su breve etapa en el Norwich, el jugador sólo disputó tres partidos.

En la FA Cup 2012-13, Harry solo jugó contra el Luton Town en la 4ª ronda de clasificación. Sin embargo, su equipo cayó derrotado por 1-0 y, en consecuencia, quedó eliminado.

En la Copa de la Liga inglesa, Kane sólo jugó el primer partido contra el Doncaster Rovers, donde dio una asistencia en la victoria del Norwich por 1-0. Los sueños de título del Norwich terminaron cuando fueron eliminados por el Aston Villa en una derrota por 4-1. Harry no jugó en ese partido. Terminó su etapa en el equipo con 5 partidos y 1 asistencia.

Leicester City (Préstamo)

El Tottenham no pudo aumentar sus opciones ofensivas durante el periodo de traspasos de enero, por lo que optó por recuperar a Kane el 1 de febrero de 2013, cuatro meses antes de su regreso. Sin embargo, el jugador solo volvió a ser utilizado en la selección sub-21 y pronto volvió a salir cedido.

Su breve paso por el club llamó la atención del Leicester City, que lo fichó en calidad de cedido hasta final de temporada. El equipo disputaba la EFL Championship 2012-13, una liga en la que Kane ya tenía cierta experiencia. En el club, Harry compartiría vestuario con futuros ídolos del Leicester como Jamie Vardy, Peter Schmeichel, Danny Drinkwater y Wes Morgan. Jesse Lingard y Chris Wood también estuvieron en el club.

Kane no tuvo una etapa memorable con el equipo. El jugador sólo marcó dos goles con los *Foxes* y no pudo ayudar al equipo a acceder a las semifinales de los play-off en un dramático partido contra el Watford.

Harry Kane terminó su etapa en el club con 15 partidos y dos goles.

Tottenham (regreso de préstamo)

2013-14

Después de tres cesiones más, Kane permaneció en su club durante más tiempo que antes. Debutó en la Premier League en la quinta jornada, contra el Cardiff City, en la victoria por 1-0 de los londinenses. Sin embargo, durante algunos partidos dejó de ser titular. Como consecuencia, el jugador tuvo que regresar al club sub-21.

En su regreso a la Premier League, Kane no saltó a la fama hasta la jornada 33, cuando marcó su primer gol en la Premier League con *los Spurs*. El gol llegó en el minuto 59 y supuso la remontada del Tottenham ante el Sunderland en White Hart Lane. La asistencia fue del danés Christian Eriksen. En ese mismo partido, Kane también asistió a Emmanuel Adebayor para que marcara el penúltimo gol del encuentro. Al final del partido, los londinenses se impusieron por 5-1.

En una ocasión, Kane comentó su primer gol con el Tottenham en la Premier League:

El entonces entrenador del Tottenham, Tim Sherwood, elogió el buen gol del jugador en una entrevista en la página web oficial del club:

El 12 de abril de 2014, Harry marcó el segundo gol de su equipo contra el West Bromwich Albion. El partido terminó en empate a 3. Siete días después, Harry marcó en un derbi londinense contra el Fulham. El jugador empató tras una asistencia de Aaron Lennon. El partido terminó 3-1 a favor de *los Spurs*. Tras dos partidos en blanco, Harry marcaría su último gol en la competición. En el 3-0, dio la asistencia para que el brasileño Paulinho abriera el marcador contra el Aston Villa.

En esa competición, Kane disputó 10 partidos y marcó 3 goles. El club terminó 6º en la tabla y obtuvo una plaza en la Europa League la temporada siguiente.

En la FA Cup 2013-14, Kane fue suplente no utilizado en la derrota ante el Arsenal en el derbi del norte de Londres. Los Reds vencieron a *los Spurs* y los eliminaron.

En la Copa de la Liga inglesa 2013-14, Kane solo marcó un gol en la competición. En el siguiente partido, debido a una lesión, el delantero centro no estuvo sobre el terreno de juego y el club londinense quedó eliminado.

En la Europa League 2013-14, Harry no marcó ningún gol. Sin embargo, sí participó en las eliminatorias, la fase de grupos y los octavos de final hasta que *los Spurs fueron eliminados* en octavos por el Benfica de Jorge Jesus.

2014-15

Tras causar una buena impresión la temporada pasada, Kane empezó a tener más oportunidades en el primer equipo esta temporada. Kane volvió a participar directamente en un gol el 2 de noviembre de 2014, en la 10ª jornada contra el Aston Villa. En el minuto 90, con empate a uno en el marcador, Harry transformó en la red un lanzamiento de falta que dio la victoria a los londinenses en Villa Park.

A partir de la 16ª jornada, el jugador marcaría 13 goles en sus últimos 17 partidos de liga, ganándose definitivamente un puesto en el primer equipo.

El gran momento llegó en un derbi contra el Arsenal, un partido que siempre destaca por ser la principal rivalidad londinense. El partido tuvo lugar el 7 de febrero de 2015, y Kane lideró la remontada de los *Gunners,* marcando los dos goles del Tottenham en el partido. Al final del partido, el delantero se emocionó mientras los aficionados gritaban en su honor.

El 21 de marzo, Harry marcó su primer triplete con el equipo profesional. El partido era válido por la 30ª jornada de la Premier League y la "víctima" fue el Leicester City. Fue un partido dramático, pero nada pudo impedir que los londinenses se llevaran la victoria por 4-3. Casualmente, los *Foxes eran el* primer equipo con el que Harry utilizaba la famosa ley de los ex, la primera vez fue en el Boxing Day de 2014, cuando Kane abrió el marcador en la victoria de *los Spurs* por 2-1.

En los dos partidos que siguieron al triplete de Kane, el jugador apareció como capitán titular. Por desgracia, el equipo no ganó ningún partido. Empataron el primero 0-0 contra el Burnley y perdieron el segundo 1-0 contra el Aston Villa. Harry marcó en la siguiente jornada, cuando se enfrentaron al Newcastle en la 33ª jornada.

Terminó la Premier League como segundo máximo goleador con 21 goles, sólo por detrás de Sergio Agüero, que marcó 26. Todo esto lo hizo en 34 partidos, y además dio 4 asistencias. El Tottenham hizo una temporada regular y consiguió acabar quinto y clasificarse para la Europa League la temporada siguiente.

Harry solo jugó 2 partidos en la FA Cup 2014-15. No participó en ningún gol y su equipo fue eliminado por el Leicester en el partido de vuelta tras vencer 2-1 al equipo de Kane.

Harry Kane tendría la primera final de su carrera en aquella temporada 2014-15 de la Copa de la Liga inglesa. Empezó muy bien la competición, marcando en los tres primeros partidos del club.

En la final, el Tottenham se enfrentaría al Chelsea en el derbi Chelsea-Tottenham. El partido comenzó muy igualado y el marcador no se abrió hasta el minuto 44, cuando John Terry remató con la derecha tras una falta botada por el brasileño Willian, y el balón rebotó en Kurt Zouma. En la segunda parte, en el minuto 55, el delantero español de origen brasileño Diego Costa recibió un pase del español Cesc Fàbregas y logró rematar un centro para adelantar a los *Blues*. El balón también se desvió en el central Danny Rose.

El partido también vio cómo César Azpilicueta le cortaba la cabeza tras una disputa de un balón aéreo con Eric Dier. El recorte se produjo después de que Harry Kane lanzara una falta y enviara el balón al área.

Al final del partido, el Chelsea se proclamó campeón, incluso después de un buen partido del delantero. Era el primer título de la temporada para el Chelsea, que se proclamó campeón de liga.

Harry Kane disputó seis partidos, marcó tres goles y dio una asistencia en la competición.

En la Europa League 2014-15, el jugador estuvo presente en casi todos los partidos de la campaña que terminó con la eliminación del conjunto inglés ante la Fiorentina de Mohamed Salah y Mario Gómez. El delantero marcó 5 goles en 7 partidos, pero no pudo volver a ayudar al equipo a ganar ningún trofeo.

2015-16

El inicio de Harry Kane en la temporada 2015-16 de la Premier League ha sido decepcionante. El delantero no marcó ni un solo gol en la competición en todo el mes de agosto. De hecho, no marcó por primera vez hasta el 26 de septiembre de 2015, en la séptima jornada contra el Manchester City. Los *Citizens* empezaron el partido por delante, pero los londinenses le dieron la vuelta y el marcador acabó 4-1. Kane volvería a marcar otro triplete en la Premier League. Esta vez su rival fue el Bournemouth, que le endosó un 5-1 en el Vitality Stadium. El delantero seguiría marcando en las tres siguientes jornadas, incluido un doblete el 22 de noviembre contra el West Ham en la victoria de *los Spurs* por 4-1.

Su temporada estuvo marcada por los dobles-dobles, ya que además del conseguido contra el West Ham, Kane aprovechó su buen momento de forma para marcar dos goles en el mismo partido contra el Norwich, en las dos ocasiones en las que se enfrentó a su antiguo club, contra el Aston Villa, contra el Bournemouth (dos dobles-dobles seguidos) y, por último, contra el Stoke City. Curiosamente, el Tottenham no perdió ningún partido en el que Harry Kane marcara al menos un gol esa temporada en la Premier League. Cuando marcó dos veces en el mismo partido, *los Spurs* ganaron todos los encuentros.

Los numerosos goles de esa temporada hicieron que Harry Kane terminara la Premier League como máximo goleador, sólo un gol por delante de Jamie Vardy y Sergio Agüero, que marcaron 24 goles cada uno. Fue una temporada muy positiva para los londinenses, ya que se aseguraron una plaza directa en la Liga de Campeones de la UEFA la temporada siguiente tras quedar terceros.

Kane marcó 25 goles y dio una asistencia en 38 partidos de la Premier League.

Kane comenzaría su andadura en la FA Cup contra su ex equipo, y futuro campeón de Inglaterra esa temporada, el Leicester City el 10 de enero de 2016, en la 3ª ronda de clasificación. Kane hizo valer la ley de los ex: su único gol en la competición sirvió para que su equipo empatara 2-2 en casa. El tanto del delantero llegó en el minuto 89. En el partido de rol disputado en el King Power Stadium, Harry no marcó, pero vio cómo su club progresaba al vencer a los *Foxes* por 2-0.

En el siguiente partido, Harry debutó como capitán en la competición contra el Colchester United. Se quedó en blanco, pero su equipo venció por 4-1 para seguir vivo en la competición. En el siguiente partido, en la 5ª ronda de clasificación, el sueño del título se vio interrumpido por el Crystal Palace, que venció 1-0 al Tottenham.

La Copa de la Liga inglesa no tuvo un comienzo dulce para *los Spurs*. En su primer partido, un derbi contra el Arsenal, los *lilywhites fueron* incapaces de superar a los *gunners,* que ganaron el derbi por 1-0 y eliminaron a los blancos de Londres.

En la Europa League 2015-16, los ingleses fueron un paso más allá. En el Grupo J, Harry comenzó la temporada dando una asistencia para que Erik Lamela cerrara la goleada en la remontada del Tottenham ante el Qarabağ (3-1). Kane encadenaría dos victorias consecutivas hasta que se enfrentó al Anderlecht y marcó su primer gol en la Europa League esa temporada. En el siguiente partido, de nuevo contra el Qarabağ, ahora en Azerbaiyán, Harry marcó el único gol del partido en el minuto 78 tras una asistencia de Son Heung-min.

El club londinense se enfrentó de nuevo a la Fiorentina en octavos de final. El primer partido acabó en empate a uno. Kane no participó en el siguiente partido, pero vio cómo el club se clasificaba con una victoria por 3-0. En la siguiente ronda se enfrentaron a los alemanes del Dortmund. El primer partido fue una paliza para el club amarillo, que se impuso al equipo de Harry por 3-0. En el partido de vuelta, el Borussia Dortmund se impuso por 2-1, pero el delantero no estuvo en el campo, aunque sí en el banquillo. Lo más destacado del partido fue para Pierre-Emerick Aubameyang, autor de los dos goles de su equipo en el encuentro. Con esta derrota, los británicos volvieron a quedar fuera de la competición.

Al final de la competición, Harry había disputado siete partidos, marcado dos goles y dado una asistencia.

Al término de otra temporada completa con los londinenses, el jugador ha disputado 50 partidos, ha marcado 28 goles y ha dado dos asistencias en todas las competiciones.

2016-17

Al comenzar la Premier League, sus buenos partidos se vieron interrumpidos tras una grave lesión de tobillo que sufrió en el 5º partido de la Premier League contra el Sunderland. Harry se perdió los cinco siguientes partidos de liga del Tottenham.

Justo el 6 de noviembre de 2016, Kane marcó en el derbi contra el Arsenal. El partido acabó en empate a uno, pero aquel equipo, dirigido por Mauricio Pochetinno en aquel momento, estaba en racha y aún no había perdido ningún partido de liga, aunque solo ocupaba el 5º puesto. Los blancos no sufrirían su primera derrota de la temporada hasta el 26 de noviembre, cuando el Chelsea rompió su racha de imbatibilidad al marcar dos goles en Stamford Bridge. A medida que avanzaba la temporada, Harry siguió marcando goles para el equipo al que defendía. El más destacado fue su triplete contra el West Brom en la 21ª jornada.

El día 26 marcó otro triplete, esta vez contra el Stoke City. En el siguiente partido, contra el Everton, marcó un doblete, pero no pudo jugar en los tres partidos siguientes gracias a una nueva lesión de tobillo que sufrió en un partido de la FA Cup. Harry no regresó hasta el 8 de abril de 2017 y vio cómo su equipo goleaba al Watford (4-0). El *Huracán* volvería a participar en goles en la siguiente jornada, marcando 1 gol y 1 asistencia en la victoria por 4-0 ante el Bournemouth.

El 14 de mayo de 2017, Harry Kane vio por última vez a su equipo londinense jugar en White Hart Lane. La despedida tuvo lugar en la 37ª jornada contra el Manchester United. Los londinenses ganaron 2-1 y el delantero centro marcó el último gol del equipo en el partido. La leyenda inglesa Wayne Rooney marcó el último gol en el estadio. El equipo volvería a jugar la mayoría de sus partidos en el estadio de Wembley la temporada siguiente.

Harry anotó su primer triplete (cuatro goles en el mismo partido) contra el Leicester City en la 34ª jornada, cuando los londinenses vapulearon por 6-1 al vigente campeón de liga. Otro de los destacados del partido fue el delantero coreano Son, que marcó dos goles. En el siguiente partido, Kane hizo valer su favoritismo como máximo goleador de la liga y marcó un triplete en la paliza por 7-1 al Hull City.

En 30 partidos, Kane marcó 29 goles y dio siete asistencias. Con este número de goles, el británico se convirtió en el máximo goleador de la competición por segunda vez consecutiva, con cuatro goles de ventaja sobre Romelu Lukaku, que jugaba en el Everton esa temporada. El equipo, sin embargo, se mantuvo a siete puntos del líder, el Chelsea, pero aseguró su mejor posición desde que Harry llegó al equipo: el 2º puesto. Con ello, el equipo volvería a estar en la Liga de Campeones la temporada siguiente.

Harry debutó en la FA Cup contra el Fulham en la 5ª ronda de clasificación. Jugando durante 75 minutos y luciendo el brazalete de capitán, el delantero marcó tres goles en el mismo partido, asegurando la clasificación de su club. En el siguiente partido, el 12 de marzo de 2017, contra el Millwall, el club al que una vez perteneció, Harry no marcó ni un solo gol en la derrota por 6-0. Por desgracia, solo salió lesionado. La lesión fue en el tobillo.

El delantero regresó en semifinales, el partido posterior a su lesión el 22 de abril de 2017. Kane vio cómo el brasileño Willian abría el marcador para el Chelsea, pero empató 13 minutos después. Para su desgracia, el equipo blue londinense acabaría ganando el partido por 4-2 y acabaría con cualquier opción de sus rivales de ganar la Copa.

Harry Kane no pudo jugar ninguno de los partidos de la Copa de la Liga de esa temporada debido a la lesión de tobillo que sufrió contra el Sunderland. *Los Spurs* ganaron su primer partido contra el Gillingham F.C. por 5-0, pero sufrieron contra el Liverpool. El partido estuvo marcado por dos goles de Daniel Sturridge, que marcó todos los goles de los Reds en el partido que acabó 2-1.

En la Liga de Campeones de la UEFA 2016-17, a los ingleses les fue muy mal. El primer partido del equipo en la competición fue una derrota ante el Mónaco, y Harry se quedó en blanco. Harry se perdió los 3 siguientes partidos de la competición debido a la lesión que sufrió contra el Sunderland y no volvió al equipo hasta el 22 de noviembre de 2016, cuando marcó 1 gol en la derrota por 2-1 contra el Mónaco en el Stade Louis II. Harry volvería a marcar contra el CSKA de Moscú en la victoria por 3-1. Sin embargo, a pesar de los tres puntos, el equipo fue eliminado en la fase de grupos.

Con una temprana eliminación de la Liga de Campeones, el equipo, que terminó tercero de su grupo, tuvo que competir en la UEFA Europa League 2016-17. Sin embargo, el club continuó su mala temporada en competiciones continentales y perdió el partido de ida contra el K.A.A. Gent por 1-0. En el partido de vuelta, disputado en el estadio de Wembley, solo pudo empatar 2-2 y quedó eliminado de la competición antes de los octavos de final. Kane marcó el primer gol de *los Spurs,* pero el partido acabó en tablas.

Esa temporada, Harry disputó 38 partidos, marcó 35 goles y dio siete asistencias.

2017-18

En el arranque de la temporada de la Premier League, los londinenses tuvieron que soportar en agosto una nueva sequía goleadora de Harry Kane. Después de tres partidos, el 9 de septiembre de 2017, el delantero vio por fin puerta con un doblete ante el Everton en la victoria por 3-0 de *los Spurs.* Kane anotaría tres dobletes más antes de marcar un solo gol. De forma consecutiva: dos contra el West Ham, dos contra el Huddersfield Town, dos contra el Liverpool, este último también con una asistencia. Después de tantos partidos, Harry abandonó el equipo en un solo encuentro de liga debido a una lesión en el muslo.

El delantero regresó a los terrenos de juego como capitán del equipo en la victoria de su club contra el Crystal Palace. El delantero centro siguió marcando goles, pero destacó en las jornadas 19 y 20, cuando anotó dos *tripletes seguidos*: el primero contra el Burnley y el segundo contra el Southampton.

Harry volvería a marcar un doblete contra el Everton en la 23ª jornada, y en la siguiente, el delantero apareció como titular por última vez en la competición. El partido fue contra el Southampton y su equipo empató 1-1. Su último doblete llegó en la última jornada, cuando los londinenses se impusieron por 5-4 al Leicester City.

Al final de la competición, Kane había disputado 37 partidos, marcado 30 goles y dado 3 asistencias. Se quedó a solo dos goles de Mohamed Salah, del Liverpool. Su club terminó una posición por debajo de la temporada anterior. El tercer puesto dio al equipo una plaza directa en la Liga de Campeones de la temporada siguiente.

Jugando en la FA Cup 2017-18, Harry vio a su equipo llegar lejos en la competición que capitaneó durante varios partidos. Debutó en la competición contra el Wimbledon, donde marcó dos goles en la victoria por 3-0. En el siguiente partido, contra el Newport County, Harry también marcó un gol, pero los equipos acabaron empatando 1-1. El resultado llevó a los equipos a enfrentarse de nuevo en un partido de rol. Jugando en Wembley, los londinenses se impusieron a su rival por 2-0, pero sin Kane sobre el terreno de juego.

En el siguiente partido, los londinenses se enfrentaron al Rochdale, el único en el que Harry no fue capitán, y empataron 2-2. Kane marcó el segundo gol de *los Spurs*. De nuevo en el partido de rol, Harry no estuvo sobre el terreno de juego, pero vio cómo el Tottenham se clasificaba al golear a su rival por 6-1. Debido a una lesión de tobillo, el delantero centro se perdió el partido de cuartos de final contra el Swansea City, pero el club salió airoso y avanzó a semifinales. Allí, el equipo de Kane, con él en el campo, perdió ante el Manchester United de Alexis Sánchez, David de Gea, Lukaku, Lingard, Paul Pogba, Juan Mata y Marcus Rashford, entre otros. El marcador fue 2-1

En la Copa de la Liga inglesa 2017-18, Harry no jugó ni un solo partido. En el primer partido, contra el Barnsley, Kane no jugó por decisión del entrenador. Los londinenses salieron airosos y vencieron a su rival por 1-0. El jugador también se perdió el siguiente partido por una lesión en el muslo y vio cómo su equipo perdía 3-2 en casa ante el West Ham.

Durante la Liga de Campeones de la UEFA 2017-18, Kane marcó su primer doblete contra el Borussia Dortmund en el debut de su club en la competición. También dio una asistencia para que Son abriera el marcador. El partido terminó 3-1. En la siguiente ronda, contra el APOEL, Harry marcó su primer triplete en la competición. El partido terminó 3-0. A continuación, el inglés dio una asistencia para el tercer gol de Eriksen contra el Real Madrid, obra de Cristiano Ronaldo, Karim Benzema y Luka Modrić. El partido acabó 3-1 a favor de los ingleses y les garantizó el pase a octavos de final de la competición. El delantero volvería a marcar otro gol contra el Dortmund en el Signal Iduna Park el 21 de noviembre de 2017. El partido terminó 2-1 a favor de los británicos.

Harry no participó en el último partido de la liguilla contra el conjunto cipriota, pero sí en el de la primera ronda contra la Juventus. En Turín, el delantero centro marcó 1 gol en el empate a 2-2 entre ambos clubes, pero vio cómo su equipo caía derrotado por 2-1 en Londres. Se despidió de la competición con 7 partidos, 7 goles y 2 asistencias.

Al final de la temporada, Harry había disputado 48 partidos, marcado 41 goles y dado 5 asistencias.

2018-19

El 8 de junio de 2018, Harry Kane renovó su contrato con el Tottenham, cuyo anterior contrato finalizaba en 2022 y ahora se extiende hasta 2024. La temporada empezó bien para Kane, que consiguió romper su "maldición" de no marcar en agosto y marcó 1 gol contra el Fulham y el Mancheter United. Fue titular en el siguiente partido, contra el Watford, pero su equipo cayó derrotado por 2-1. El resultado se repitió cuando los londinenses fueron derrotados por *los Reds de* Liverpool. El capitán volvió a marcar en la siguiente jornada, contra el Brighton, y un doblete contra el Huddersfield. El jugador siguió marcando goles durante toda la temporada y su último doblete llegó el 23 de diciembre de 2018, cuando marcó ante el Everton en la jornada 19. Los londinenses se impusieron por 6-2.

Kane se ha perdido cuatro partidos de Premier League gracias a una nueva lesión de tobillo. No volverá hasta el 23 de febrero de 2019 en la derrota del Tottenham ante el Burnley (2-1). Aun así, el delantero marcó 1 gol. El 2 de marzo de 2019, en la 29ª jornada de la Premier League, en el partido contra el rival local, el Arsenal. Kane marcó el gol del empate de su equipo desde el punto de penalti y se convirtió en el máximo goleador del derbi con 9 goles, superando a Adebayor que llevaba 8.

Desafortunadamente, el delantero centro solo jugó seis partidos más antes de lesionarse de nuevo el tobillo y perderse los últimos partidos del club en la Premier League. Su último partido fue el 3 de abril de 2019 contra el Crystal Palace. Casualmente, ese fue el partido en el que el Tottenham inauguró su nuevo estadio, llamado Tottenham Hotspur Stadium. Al final de esa competición, Harry había disputado 28 partidos, marcado 17 goles y dado 4 asistencias. Su club acabó cuarto y se aseguró una plaza en la Liga de Campeones la temporada siguiente.

En la FA Cup 2018-19, el delantero solo jugó un partido. Fue en el estreno del equipo en la 3ª ronda de clasificación, el 4 de enero de 2019. Marcó en la victoria de *los Spurs* por 7-0 ante el Tranmere Rovers. No pudo participar en el siguiente partido debido a la primera lesión de tobillo que sufrió. Kane vio cómo su equipo caía eliminado por 2-0 ante el Crystal Palace.

Kane no estuvo sobre el terreno de juego, por decisión del entrenador, en la 3ª Eliminatoria contra el Watford, y lo mismo ocurrió en la 4ª Eliminatoria contra el West Ham. El 19 de diciembre de 2018, Kane debutó en la competición con una asistencia ante el Arsenal. El partido lo ganaron los blancos por 2-0. En la ida de semifinales, el capitán Harry Kane marcó el único gol del partido ante el Chelsea. Para su desgracia, se lesionó en el partido de vuelta y vio cómo su club era eliminado en la tanda de penaltis.

La Liga de Campeones de la UEFA iba a ser un logro histórico para el club londinense. El Tottenham tuvo un comienzo difícil en la fase de grupos. El capitán Harry Kane no pudo hacer nada para evitar la derrota por 2-1 contra los italianos en Milán, en el estadio Giuseppe Meazza. Harry marcó su primer gol contra el Barcelona en la derrota por 4-2 en Wembley. También marcó en el empate a 2-2 contra el PSV Eindhoven.

Sin embargo, el equipo inglés logró cuajar una segunda parte diferente. Se impuso al conjunto holandés por 2-1 con dos goles de Kane, venció al Inter de Milán por 1-0 y empató 1-1 con el Barcelona con una asistencia de Harry para el gol de Lucas en el Camp Nou.

Kane no pudo jugar en el partido de ida de los octavos de final debido a su primera lesión de tobillo. No regresó hasta el 5 de marzo de 2019 para el partido de vuelta y marcó el único gol del encuentro. Su equipo se clasificó para cuartos de final. Frente al Manchester City de Pep Guardiola, el delantero solo jugó en el partido de ida, que los londinenses ganaron 1-0 en su nuevo estadio. Debido a su segunda lesión de tobillo, el delantero se perdió el partido de vuelta contra los *Citizens, en* el que los londinenses perdieron 4-3, pero aun así se clasificaron para semifinales por los goles marcados fuera de casa.

Kane se perdió el partido contra el Ajax por lesión. El conjunto holandés ganó el partido de ida por 1-0 en Inglaterra. Sin embargo, se vieron sorprendidos por un triplete del brasileño Lucas, que salió desde el banquillo y logró guiar al club a una final sin precedentes. El delantero saltó al terreno de juego el 1 de junio de 2019 para disputar la final de la competición contra el Liverpool, subcampeón entonces. Sin embargo, *los Spurs* no pudieron superar al conjunto rojo de Jürgen Klopp y cayeron derrotados por 2-0. En la competición, Kane marcó cinco goles y dio una asistencia en nueve partidos.

El jugador terminó la temporada con 40 apariciones, 24 goles y seis asistencias.

2019-20

Kane empezó muy bien la temporada, marcando 17 goles con *los Spurs* en 25 partidos y disputándose el título de máximo goleador de la Premier League, pero sufrió una lesión en el isquiotibial izquierdo durante la derrota ante el Southampton en Nochevieja y tuvo que pasar por el quirófano.

Kane no regresó hasta el 19 de junio, en un empate a 1-1 contra el Manchester United. Volvió a marcar en el partido siguiente, contra el West Ham en la victoria de su equipo por 2-0. Kane marcó su gol 137 en la Premier League en ese partido. En el partido siguiente también marcó, pero su equipo cayó derrotado por 3-1 ante el Sheffield United. Estuvo tres partidos sin marcar antes de anotar dos dobletes seguidos. El primero contra el Newcastle y el segundo contra el Leicester City. En la última jornada, el delantero también marcó en el empate a 1-1 contra el Crystal Palace.

Terminó la Premier League con 18 goles en 29 partidos. El club se aseguró el sexto puesto y avanzó a la Europa League la temporada siguiente.

Harry no jugó ni un solo partido de Copa esta temporada debido a su lesión. En la EFL, el equipo cayó en el primer partido, perdiendo ante el Colchester United en los penaltis. En la FA Cup, el equipo aguantó más. Sin embargo, fue eliminado por el Norwich en la 5ª ronda, también en los penaltis.

Para la Liga de Campeones de la UEFA 2019-20, vio cómo la competición tenía una edición única. En una entrevista con Sky Sports, el jugador comentó el partido que perdió en la final de la Liga de Campeones una temporada antes:

Harry marcó en el empate a 2-2 en el primer partido del equipo en la competición, contra el Olympiacos fuera de casa. El siguiente partido fue una paliza para el equipo rival. A pesar de jugar en casa, los Spurs fueron goleados 7-2 por el Bayern de Múnich. Kane marcó uno de los goles, pero los bávaros no pudieron hacer nada para evitar su tanto.

Actuando como capitán, Kane tuvo mejores días contra el Estrella Roja. Marcó dos goles en la victoria por 5-0 de los ingleses. En el siguiente partido, jugando fuera de casa, aún sin marcar, el delantero vio cómo su club goleaba al rival por 4-0. Kane volvió a marcar dos goles en la competición, pero ahora contra el Olympiacos. Los ingleses ganaron 4-2 en su estadio. En su último partido, contra el Bayern, perdieron 3-1, pero sin Harry en el campo.

Kane no volvió a jugar con el equipo londinense en esa competición. Vio desde casa cómo el Red Bull Leipzig ganaba 1-0 al Tottenham en Inglaterra por lesión, y fue eliminado tras caer 3-0 en Austria. Marcel Sabitzer marcó dos goles en el segundo partido. La temporada estuvo marcada por la pandemia de COVID-19, que perturbó las ligas de todo el mundo. Lo mismo ocurrió en la Liga de Campeones, que dejó de tener partidos seguidos y vio modificada su final, además de no tener público ni siquiera en la final. *Huracán* terminó la competición con 5 partidos y 6 goles.

Al final de la temporada, el delantero había disputado 34 partidos, marcado 24 goles y dado dos asistencias.

2020-21

El segundo partido de Kane en la Premier League sería un hito importante para él. Participó directamente en los cinco goles del Tottenham contra el Southampton. El inglés dio cuatro asistencias, todas para Son Heung-min, y redondeó la goleada en el minuto 82 con un típico gol de delantero centro (sólo tuvo que empujarla al fondo de la red). El partido terminó 5-2 a favor de los londinenses. En octubre de 2020, el delantero marcó un doblete en la victoria por 6-1 contra el Manchester United.

Los londinenses estaban disfrutando de una buena racha. Tras vencer 2-0 al Manchester City (con asistencia de Kane), se colocaron líderes de la liga. Sin embargo, el liderato solo duró cuatro partidos. El 16 de diciembre de 2020 fueron derrotados por el Liverpool con goles de Salah y Roberto Firmino y perdieron el liderato en favor de los propios *Reds*. El club jugaría más partidos en la competición, pero nunca recuperó el 1er puesto. Por desgracia, Harry tuvo que lidiar con otra lesión de tobillo seis jornadas después. El 28 de enero de 2021, en un partido contra el Liverpool, Kane se lesionó ambos tobillos y tuvo que ser sustituido en el minuto 46. El entrenador del Tottenham, José Mourinho, comentó la lesión del inglés a la BBC:

Los Spurs no ganaron ninguno de los dos partidos de liga en los que Kane estuvo ausente. El delantero no volverá a los terrenos de juego hasta el 7 de febrero de 2021, y ya ha demostrado que quiere asegurarse jugar. En el minuto 54, el delantero centro recibió un balón de Pierre-Emile Højbjerg y remató para abrir el marcador ante el West Brom. El partido terminó 2-0 a favor de su club. El equipo siguió alternando buenos y malos resultados, pero cabe destacar partidos en los que Kane marcó un doblete. Contra el Crystal Palace, el 7 de marzo, Kane marcó dos goles y dio dos asistencias en la victoria por 4-1 de los londinenses, en la que Gareth Bale anotó los otros dos goles. Dos partidos después, Kane marcó otro doblete contra el Newcastle en el empate a 2-2. Su último doblete fue contra el Everton, el 16 de abril, y el partido acabó con el mismo resultado que el del Newcastle upon Tyne. En la última jornada, contra el Leicester City, Kane se despidió de la competición con un gol y una asistencia en la victoria de los blancos por 4-2.

Harry Kane fue el máximo goleador de la Premier League con 23 goles, además de ser el máximo asistente con 14 asistencias. Sin embargo, el Tottenham terminó en séptima posición con 62 puntos. La posición dejó al equipo con derecho a clasificarse para la Europa League de la UEFA.

En la FA Cup 2020-21, el jugador no participó, por decisión del entrenador, en el partido inaugural del club, contra el Marine A.F.C. Regresó al club en la siguiente ronda y vio cómo su equipo se imponía por 4-1 al Wycombe Wanderes. No marcó su primer gol en la competición hasta el final de la segunda parte, cuando logró la victoria por 4-4 contra el Everton. En la prórroga, los Blues lograron marcar el gol de la victoria por mediación del brasileño Bernard. Kane volvió a quedar eliminado de la competición.

La Copa de la Liga inglesa 2021-22 fue más agradable al principio, pero su final sería amargo. Comenzó ganando al Chelsea en la tanda de penaltis tras un empate a uno. Kane acertó con su lanzamiento, el último del Tottenham, solo para que Mason Mount disparara fuera y asegurara el pase de los blancos londinenses a la siguiente ronda. En cuartos de final, frente al Stoke City, los de Harry se impusieron a los *Potters* por 3-1, con un gol de *Huracán*. Kane no marcó más goles en la competición. Pero sí vio cómo su equipo vencía al Brentford en semifinales y se aseguraba un puesto en la final contra el Manchester City.

El club londinense perdió 1-0 ante el conjunto de Manchester. Aymeric Laporte marcó el gol de la victoria para los *Citizens en el* minuto 82. El club se aseguró su cuarto título de liga consecutivo y Kane perdió su única final de esa temporada.

Harry disputó la fase de clasificación para la Europa League de la UEFA y estuvo sobre el terreno de juego en los tres partidos del club, en todos los cuales marcó. El punto culminante fue el último partido, contra el Maccabi Haifa, cuando marcó un *triplete* y dio una asistencia en la paliza por 7-2 a los ingleses.

Al término de la fase de clasificación, Kane jugó tres partidos, marcó cinco goles y dio una asistencia.

Debutó en la Europa League 2020-21 el 29 de octubre de 2020 contra el Royal Antwerp en una derrota por 1-0. Su primer gol llegó en la siguiente ronda, cuando ayudó a su equipo a vencer al Ludogorets por 3-1. Al final de la Fase de Grupos, el Tottenham se clasificó para los Octavos de Final, donde se enfrentó al Wolfsberger AC de Austria. El inglés no jugó en ninguno de los dos partidos, pero vio cómo su equipo ganaba ambos encuentros.

En octavos de final, Kane volvió a enfrentarse a los croatas del Dinamo de Zagreb. El partido lo ganaron los ingleses por 2-0, con dos goles de Harry. En el partido de vuelta en Croacia, el club local empató y llevó la contienda a la prórroga. Allí, el equipo de Europa del Este consiguió marcar otro gol y eliminar al equipo de Harry. Al final de la competición, Harry había disputado 5 partidos, marcado 3 goles y dado 2 asistencias, partiendo de la fase de grupos.

Al final de la temporada, Harry había disputado 49 partidos, 33 goles y 17 asistencias con el equipo londinense.

2021-22

Kane estuvo a punto de dejar el Tottenham a principios de temporada para fichar por el Manchester City, pero tras las negociaciones decidió quedarse en el club londinense.

Al empezar la temporada en la Premier League, el delantero estuvo siete partidos sin marcar. Su primera participación directa llegó en la octava jornada, cuando marcó en la victoria de su club por 3-2 sobre el Aston Villa. En la jornada 26, el Tottenham se impuso por 3-2 al líder de la liga, el Manchester City, con dos goles del delantero centro. El máximo goleador comentó el partido:

Kane entró en una gran racha, participando directamente en 11 goles en siete partidos de liga. Destaca su doblete contra el Everton en la 28ª jornada. Los tres últimos partidos de liga también han estado marcados por cinco participaciones directas del *Huracán:* dos goles contra el Arsenal, uno contra el Burnley y un tanto en la jornada 38 contra el Norwich.

Al final de la temporada, Kane había disputado 37 partidos, marcado 17 goles y dado nueve asistencias en la competición. Su equipo se aseguró el 4º puesto y una plaza en la Liga de Campeones la temporada siguiente.

Harry jugó en los tres partidos del equipo en la FA Cup. Debutó con un gol contra el Morecambe y dos contra el Brighton. Ambos partidos se ganaron por 3-1. El Tottenham fue eliminado por el Middlesbrough en la 5ª ronda de clasificación por 1-0 tras la prórroga.

El capitán Harry Kane debutó marcando uno de los dos goles de su equipo en el empate a 2-2 contra el Wolverhampton en la Copa de la Liga. El partido se decidió en los penaltis, y Kane acertó el primero para el club londinense. Al final de la tanda, *los Spurs* se clasificaron. En la siguiente ronda, Kane vio cómo su equipo eliminaba al Burnley (1-0), para luego perder la ida y la vuelta de las semifinales contra el Chelsea. El club fue eliminado una vez más por el equipo azul de Londres.

Harry se perdió el primer partido de la fase previa de la Liga de Conferencias por decisión del entrenador. A su regreso, el inglés marcó dos goles en la victoria por 3-0 contra el Paços Ferreira.

El capitán Harry Kane debutó en la Liga de la Conferencia Europa de la UEFA 2021-22 el 16 de septiembre de 2021, cuando empató 2-2 contra el Stade Rennais. En el segundo partido, Kane se enfrentó al NŠ Mura esloveno y marcó un triplete en la victoria de los ingleses por 5-1.

El último partido del club fue contra el Rennes en Inglaterra. Por desgracia, el equipo de Kane sufrió un brote de COVID-19 y no pudo estar sobre el terreno de juego. La Uefa consideró que se trataba de un caso de W.O. y dio la victoria al conjunto francés por 3-0. Como resultado, los ingleses fueron eliminados de la competición en la Fase de Grupos.

Así terminó la temporada 2021/22. 50 partidos con 27 goles marcados.

2022-23

Kane tuvo un buen comienzo en la temporada 2022-23 de la Premier League, aunque se quedó en blanco en la primera jornada. En los 11 primeros partidos, Harry marcó 9 goles, incluida una racha goleadora de 5 partidos, récord para *los Spurs*.

El 5 de febrero de 2023, Harry Kane se convirtió en el máximo goleador histórico del Tottenham con 267 goles en 416 partidos oficiales en la victoria del Tottenham por 1-0 ante el Manchester City en la 22ª jornada de la Premier League, y también alcanzó la marca de 200 goles en la Premier League. Es el tercer jugador que marca 200 goles en la liga. El 6 de mayo de 2023, tras marcar contra el Crystal Palace, el delantero se convirtió en el único jugador de la historia de la Premier League en marcar 100 goles en casa y fuera. Harry ya había marcado su gol número 100 fuera de casa en octubre de 2022, cuando marcó contra el Arsenal.

Hacia el final de la temporada, Harry había sido codiciado por el equipo de Erik ten Hag. El Manchester United aspiraba a hacerse con sus servicios en el próximo periodo de traspasos y quería hacer una fuerte inversión en el delantero centro. El deseo era tan fuerte que pretendían enviar una oferta antes del final de la temporada. El 14 de marzo, el diario Mundo Desportivo informó de que Kane estaba descontento con la falta de títulos de *los Spurs* y buscaba aire fresco. El periódico también mencionaba que el delantero centro, de 29 años, estaba "harto de las promesas" del club. Este fue un factor clave en la puja de los *Diablos Rojos por ficharlo*. Sin embargo, la directiva del club londinense quería retener al jugador a toda costa, ya que el delantero tenía contrato hasta mediados de 2024.

El jugador lleva una gran racha de 10 goles en sus últimos 11 partidos de la Premier League. Su último gol, jugando en el estadio de su club, llegó en la derrota de los Spurs por 3-1 ante el Brentford (tras un lanzamiento de falta con jugada ensayada, la asistencia fue de Dejan Kulusevski). Este partido también marcó la despedida de Lucas Moura de jugar en el estadio del Tottenham Hotspur. Antes del partido, se descubrió un muro con una pintada del jugador inglés. El homenaje se hizo porque es el máximo goleador de la historia del equipo londinense.

Su último partido de la temporada fue en su 38º encuentro en la Premier League, contra el Leeds United. Kane marcó un doblete en la victoria por 4-1 de los londinenses en Elland Road. El partido también supuso el descenso del Leeds a la EFL Championship. Al final de esa temporada, el club londinense sólo ocupaba el octavo puesto y no tenía plaza en ninguna competición europea la temporada siguiente.

Terminó la Premier League con 30 goles y 3 asistencias en 38 partidos, sólo superado por Erling Haaland, del Manchester City, como máximo goleador de la Premier League. El noruego marcó 6 goles más que el delantero inglés.

Jugando en la FA Cup, Harry, como capitán, vio cómo su equipo salía victorioso tras marcar el único gol del partido contra el Portsmouth. No volvió a aparecer hasta la derrota de su club por 1-0 ante el Sheffield United.

En la Copa de la Liga inglesa 2022-23, Harry sólo jugó un partido. Debutó el 9 de noviembre de 2022 contra el Nottingham Forest en la 3ª ronda de clasificación. El capitán no pudo hacer nada para evitar la derrota de su equipo por 2-0. Fue una eliminación más en la carrera del delantero centro de 29 años, que nunca había ganado un título profesional.

Jugando en la Liga de Campeones de la UEFA 2022-23, Kane debutó en un partido contra el Olympique de Marsella, en el que el club ganó 2-0. Harry tardó hasta la cuarta jornada en marcar su primer gol en la Fase de Grupos. El 12 de octubre, marcó un gol y dio una asistencia en la victoria por 3-2 del equipo inglés sobre el Eintracht de Fráncfort. Fue el único gol del jugador en la competición.

Tras clasificarse para octavos de final, el equipo inglés se enfrentó al AC Milan y tuvo la oportunidad de decidir el partido de vuelta en casa. Sin embargo, jugando en San Siro, el equipo perdió el partido por 1-0 tras marcar Brahim Díaz en el minuto 7. El capitán Kane no marcó en ninguno de los dos partidos y vio cómo su equipo era eliminado por los italianos tras empatar sin goles en el partido de vuelta.

Kane terminó la temporada con 49 partidos, 32 goles y cinco asistencias en todas las competiciones con el Tottenham. Su magnífica temporada le dejó por delante de las grandes estrellas mundiales en la competición por la Bota de Oro de la UEFA. De hecho, la leyenda del Tottenham sólo fue superado por Erling Haaland en la carrera por el trofeo; con seis goles menos, el inglés no pudo superar al noruego y quedó segundo en la competición individual.

Adiós

Tras el final de la pretemporada con el equipo inglés, el jugador vivió muchos momentos de incertidumbre en el equipo. El presidente de *los Spurs* estaba dispuesto a ceder a la estrella por una cantidad de 110 millones de euros, pero esa cifra estaba muy por encima de las posibilidades económicas de muchos equipos.

Sin embargo, el 4 de agosto de 2023, el Bayern de Múnich dio un "ultimátum" al club londinense para vender a su delantero por 100 millones de euros (incluidas las primas por objetivos). Tras seis días de negociaciones, los *lilywhites* llegaron a un acuerdo para vender a Kane y lo liberaron para que pasara reconocimiento médico, a la espera de firmar un contrato. La suma representa el mayor fichaje de la historia de los alemanes. Harry Kane llega como principal sustituto de Robert Lewandowski, vendido al Barcelona en julio de 2022.

Cuando el drama en torno a su fichaje se alargaba, casi se produce un gran vuelco, con la información de que el jugador había decidido cumplir íntegramente su contrato con el equipo inglés, pudiendo así marcharse gratis al final de la temporada 2023-24, con la posibilidad de negociar mejores cláusulas contractuales con su futuro nuevo equipo, información que no fue atestiguada, habiendo sido confirmado el fichaje por el jugador y el entrenador del Bayern de Múnich, Thomas Tuchel.

Bayern de Múnich

2023-24

El 12 de agosto de 2023, el Bayern de Múnich anunció oficialmente el fichaje del jugador con un contrato válido hasta la temporada 2026-27, tras semanas de turbulentas negociaciones. La cantidad pagada por el jugador fue de 100 millones de euros, incluida una prima de 20 millones. El contrato incluye una cláusula de recompra por parte de su antiguo club. La información fue revelada por el entonces presidente del equipo londinense, Daniel Levy. Sin embargo, no detalló la forma ni las cifras relativas a esta opción de repatriación de la estrella inglesa.

Durante su presentación, el jugador comentó cómo es estar en un nuevo equipo y en una nueva liga:

El debut del delantero inglés se produjo el 12 de agosto de 2023, en la final de la Supercopa de Alemania de esa temporada. Sin embargo, su aparición (desde el banquillo porque no estaba al mismo ritmo que sus compañeros) se vio eclipsada por un triplete del español Dani Olmo, que logró el 3-0 para el Red Bull Leipzig y la primera Supercopa para el club patrocinado por los Red Bull. El jugador de 30 años habría ganado el primer título de su carrera.

Para el club alemán, Harry empezó la Bundesliga batiendo récords. Fue el primer jugador en marcar cuatro goles en sus cuatro primeros partidos de Bundesliga desde Miroslav Klose en 2007. En noviembre de 2023, Kane batió otro récord. Tras marcar 2 goles contra el 1. FC Heidenheim, el delantero alcanzó el hito de 17 goles en 11 partidos de Bundesliga. Superó en un gol al ex delantero bávaro Robert Lewandowski.

Harry no jugó ni un solo partido en la Copa de Alemania de Fútbol 2023-24, y su equipo fue sorprendentemente eliminado en el segundo encuentro. El conjunto bávaro perdió 2-1 ante el Saarbrücken, que por aquel entonces jugaba en la 3ª División alemana.

Harry Kane terminó 2023 como segundo máximo goleador mundial, empatado con Kylian Mbappé con 52 goles, por detrás de Cristiano Ronaldo con 53 y por delante de Haaland con 50.

En la Liga de Campeones de la UEFA 2023-24, Kane debutó en la primera ronda, marcando contra el Manchester United en la victoria de los alemanes por 4-3. Al final de la fase de grupos, Harry logró ayudar al conjunto alemán a clasificarse en primer lugar, con 4 goles suyos en 6 partidos.

Equipo nacional

Campeonato de Europa Sub-19

El jugador saltó al campo con su selección en el Campeonato de Europa Sub-19 de la UEFA 2012. El equipo lo hizo muy bien, ganando muchos partidos hasta llegar a semifinales. Pero fueron eliminados al perder 2-1 en la prórroga contra Grecia sub-19. Kane no jugó en ese partido.

Campeonato de Europa Sub-21 de la UEFA 2015

El equipo de Kane fue eliminado en la primera ronda, sin que Kane marcara un solo gol. En la competición, fueron dirigidos por Gareth Southgate.

Sólo ganaron su segundo partido, 1-0, contra Suecia, pero cayeron derrotados en su estreno contra Portugal, y abandonaron la competición tras perder 3-1 contra Italia.

Clasificación para la Eurocopa 2016

El 27 de marzo de 2015, Kane debutó con la selección de Inglaterra en un partido contra Lituania de la fase de clasificación para la Eurocopa de 2016, que terminó 4-0. El jugador entró en el minuto 26 y marcó el cuarto gol de Inglaterra un minuto después.

A lo largo del campeonato, Kane solo se perdió un partido por estar con la selección sub-21, pero regresó el 5 de septiembre de 2015 para marcar uno de los seis goles de Inglaterra contra San Marino. Ese partido supuso la clasificación de Inglaterra para la Eurocopa del año siguiente.

Campeonato de Europa de Fútbol 2016

Fue convocado para disputar la Eurocopa de 2016 y apareció en los cuatro partidos de Inglaterra en la competición. No marcó y vio cómo su equipo perdía por 2-1 ante Islandia.

Clasificación para la Copa Mundial de la FIFA 2018 - Europa

Tras ser eliminados por Islandia, los ingleses centraron su atención en el Mundial de 2018. En la fase de clasificación, el delantero marcó cinco goles y ayudó a Inglaterra a clasificarse de nuevo para la Copa Mundial de la FIFA.

Mundial 2018

Fue convocado para la Copa Mundial de la FIFA 2018 y debutó el 18 de junio de 2018. Capitaneó a su selección en todos los partidos que disputó. En el primer partido del Mundial, la Seleção, encuadrada en el Grupo G, se enfrentó a Túnez y venció a los africanos por 2-1. Los dos goles de Inglaterra, incluido uno en el minuto 90, fueron obra de Harry Kane. El siguiente partido fue contra Panamá. Inglaterra fue vapuleada por 6-1 y Kane marcó la mitad de los goles de aquel partido.

En el último partido de la fase de grupos, la selección inglesa se enfrentó a Bélgica, pero Kane no estuvo en el campo por decisión del seleccionador Gareth Southgate. Como resultado, el equipo belga ganó 1-0 y se clasificó como primero de grupo.

En la fase eliminatoria, los ingleses sufrieron ante Colombia. Kane abrió el marcador, pero Yerry Mina empató al final de la segunda parte y llevó el partido a la prórroga. Como la eliminatoria seguía igualada, los equipos se enfrentaron en la tanda de penales y los europeos salieron victoriosos tras un 5-4 en el marcador. Kane marcó desde el punto fatídico. En cuartos de final, Inglaterra se impuso a la selección sueca por 2-0, pero sin un gol de Kane. Era la primera vez que Inglaterra alcanzaba una semifinal de la Copa Mundial desde 1990.

En semifinales, sin embargo, los ingleses vieron interrumpida su campaña por los croatas tras empatar 1-1 en el tiempo reglamentario. Al final del partido, en la prórroga, Mario Mandžukić hizo el 2-1 y permitió a su equipo clasificarse para una final de la Copa del Mundo por primera vez en su historia. Un hecho cómico de este gol fue que Mario derribó a un cámara mientras lo celebraba con su equipo.

Enfrentado a la eliminación, Kane dijo en una entrevista:

En el partido por el tercer puesto, los ingleses volvieron a enfrentarse a Bélgica. Sin embargo, el final fue similar al del primer partido. Los belgas ganaron 2-0 y se aseguraron el tercer puesto del campeonato. Fue la mejor campaña de la selección belga. Aunque dejó de marcar en octavos de final, Kane hizo historia al convertirse en el máximo goleador de la Copa Mundial de la FIFA 2018.

Harry marcó varios goles durante la fase de grupos. Tras el último partido contra Bélgica en el Mundial, el máximo goleador de Inglaterra comentó el tema:

En aquella edición, Kane quedó por delante de Antoine Griezmann y Romelu Lukaku en la carrera por la bota de oro de la competición.

Campeonato de Europa de Fútbol 2020

Fue convocado para la Eurocopa de 2020. El capitán jugó todos los partidos que llevaron a Inglaterra a la final de la competición, la primera desde el Mundial de 1966.

Sin embargo, jugando contra Italia, los ingleses no pudieron hacer valer su favoritismo y cayeron derrotados en los penales. En esas tandas, Kane consiguió marcar un gol, solo para ver cómo Marcus Rashford, Jadon Sancho y

Bukayo Saka fallaban sus lanzamientos y entregaban el título a los italianos. Por desgracia, al tratarse de jugadores afrobritánicos, muchos de ellos, especialmente el último, sufrieron casos de racismo en las redes sociales. Tras los ataques, Kane se posicionó en contra en su cuenta de Twitter:

Kane terminó la competición con cuatro goles en siete partidos, empatado con Emil Forsberg, Karim Benzema y Romelu Lukaku. Los máximos goleadores de la competición, con cinco goles en cuatro partidos, fueron Patrik Schick y Cristiano Ronaldo.

Clasificación para la Copa Mundial de la FIFA 2022 - Europa

Kane volvió a jugar con su selección en la fase de clasificación europea para el Mundial de 2022. El debut del inglés se produjo ante Albania, donde marcó en la victoria por 2-0.

A medida que avanzaba el torneo, Kane volvió a destacar al marcar cuatro goles en el mismo partido en la goleada por 10-0 a San Marino. Aquel partido supuso la clasificación definitiva de Inglaterra para otro Mundial.

Copa Mundial 2022

El Mundial de 2022 estuvo lleno de polémica incluso antes de empezar. Debido a la violación de los derechos humanos, que perseguía a las personas LGBT y esclavizaba a los extranjeros que llegaban en busca de trabajo, jugadores como Toni Kroos y Kane se pronunciaron en contra de que el Mundial se celebrara allí.

Kane estaba decidido a llevar el brazalete de capitán con la pancarta "One Love" para protestar contra la homofobia en el país asiático. Sin embargo, tras la primera ronda de la competición, la FIFA prohibió los brazaletes y la selección inglesa tuvo que manifestarse contra la homofobia de otra manera, ya que cualquiera que llevara el brazalete empezaría el partido con una tarjeta amarilla.

En su primer partido de la fase de grupos, contra Irán, los ingleses se impusieron a los asiáticos por 6-2, con dos asistencias del delantero. Kane lució la pancarta "No a la discriminación" y el equipo inglés se arrodilló sobre el césped antes del pitido inicial.

En la continuación del torneo, Inglaterra empató a cero con Estados Unidos y venció a Gales por 3-0, con una asistencia de Kane, para clasificarse para octavos de final.

En rueda de prensa, al ser preguntado por su estado físico, dado que aún no había marcado en la competición, el delantero comentó:

A continuación, comentó su falta de gol hasta la fecha:

En la fase de clasificación, Harry marcó su primer gol en aquella edición. Fue contra Senegal, en la victoria por 3-0 de los europeos sobre los africanos. Con ese gol, Kane estuvo a punto de igualar a Wayne Rooney como máximo goleador del equipo. Antes del partido de cuartos de final, Harry concedió una entrevista en la que comentó lo que esperaba de su equipo durante el Mundial:

En el equipo contrario, Francia, jugaba el portero Hugo Lloris, compañero y capitán de Kane en el Tottenham. Harry también habló de enfrentarse a su colega en la competición:

Antes de concluir, el jugador también elogió a su otro compañero y ex compañero en el Tottenham, Kyle Walker:

En el siguiente partido de cuartos de final, Inglaterra se enfrentó a Francia y Kane tuvo la oportunidad de empatar con la leyenda inglesa tras un penalti en el minuto 54. Desde el punto fatídico, el delantero no falló y aseguró el empate a uno contra los franceses. En el minuto 84, otro penalti. Kane pudo haber igualado de nuevo el marcador y superar a Rooney, pero golpeó el balón con demasiada fuerza y éste se fue por encima y fuera. El partido terminó 2-1 a favor de los franceses e Inglaterra se despidió de la competición.

Tras el partido, Kane lamentó haber fallado el penalti:

Incluso después de la eliminación, Kane comentó la permanencia del seleccionador Southgate:

Así terminó su paso por el Mundial: cinco partidos, dos goles y tres asistencias. El jugador se encaminaba a otra temporada sin palmarés en su carrera. Esto fue esencial para que buscara nuevos horizontes durante la temporada 2022-23, recibiendo incluso el interés de otros clubes durante la fase final de esa temporada.

Clasificación para la Eurocopa 2024

El 23 de marzo de 2023, el jugador marcó el último gol de Inglaterra en el primer partido de clasificación contra Italia. De este modo, el delantero consiguió superar a la leyenda inglesa Wayne Rooney y convertirse en el máximo goleador de todos los tiempos de la selección inglesa de fútbol. Tras el partido, Harry habló con el entonces Primer Ministro del Reino Unido, Rishi Sunak, y comentó sus ambiciones para la selección y la Premier League:

El partido en cuestión supuso también el debut del argentino nacionalizado italiano Mateo Retegui con la selección italiana. El jugador también marcó un gol en el partido.

Tras la competición, Kane jugó contra Ucrania y contribuyó con un gol a la victoria por 2-0 de Inglaterra. Tras la competición, después de marcar un gol en la victoria por 4-0 contra Malta, Kane volvió a destacar contra Macedonia del Norte. En el partido, que terminó 7-0, el capitán de Inglaterra marcó dos goles y dio una asistencia para que Bukayo Saka ampliara el marcador. La campaña de Inglaterra fue sólida, y en ese momento ocupaba el primer puesto del Grupo C.

En la octava jornada, después de que Kane marcara dos goles en la remontada contra Italia, los ingleses se aseguraron el pase a la Eurocopa de 2024.

Vida personal

Matrícula de honor

El 28 de marzo de 2019, el entonces delantero del Tottenham fue condecorado por el príncipe Guillermo en el Palacio de Buckingham como Miembro de la Orden del Imperio Británico (MBE). El título de MBE se concede a quienes prestan un servicio excepcional a la comunidad, especialmente a quienes son modelos a seguir en un ámbito concreto, en el caso de Kane, el fútbol. El delantero centro inglés, encantado con su logro, declaró:

Matrimonio e hijos

Harry está casado con Kate Goodland, una mujer que Kane conoció cuando era niño. Ambos se casaron en 2019, pero la pedida de mano tuvo lugar en 2017. Sobre casarse, Harry dijo:

La pareja tiene cuatro hijos: Ivy Jane Kane, Vivienne Jane Kane, Louis Harry Kane y Henry Edward Kane.

Su cuarto hijo nació el 20 de agosto de 2023, cuando el delantero tenía 30 años. Aunque en aquel momento se encontraba en Alemania, su hijo nació en Inglaterra. El bebé nació apenas dos días después de que el jugador

marcara su primer gol con el Bayern de Múnich en la
Bundesliga.

Estadísticas

Selección inglesa

Amplía el cuadro de información para ver todos los partidos que ha jugado este jugador con su selección nacional.

Sub-20

Sub-21

Selección principal

Títulos

Tottenham

- Trofeo de la Premier League de Asia: 2009

- Copa Internacional de Campeones: 2018

- Copa Audi: 2019

Campañas destacadas

Tottenham

- Copa de la Liga inglesa: 2014-15 y 2020-21 (subcampeón)

- Premier League: 2016-17 (subcampeón)

- Liga de Campeones de la UEFA: 2018-19 (subcampeón)

Selección inglesa

- Copa Mundial de la FIFA: 2018 (4º puesto)

- UEFA Nations League: 2018-19 (3er puesto)

- Campeonato de Europa: 2020 (subcampeones)

Premios individuales

- Mejor jugador joven del Millwall Football Club: 2011-12

- Jugador Joven del Año de la PFA de la Premier League: 2014-15

- Equipo del año de la Premier League PFA: 2014-15, 2015-16, 2016-17, 2017-18 y 2020-21

- Bota de Oro de la Premier League: 2015-16, 2016-17 y 2020-21

- 33º mejor jugador del año 2016 (The Guardian)

- 44º mejor jugador del año 2016 (Marca)

- Jugador del mes de la Premier League (mayor ganador del premio): enero de 2015, febrero de 2015, marzo de 2016, febrero de 2017, septiembre de 2017, diciembre de 2017 y marzo de 2022.

- Mejor jugador del partido en la Copa Mundial de la FIFA 2018: Túnez 1-2 Inglaterra, Inglaterra 6-1 Panamá y Colombia 1-1 Inglaterra (octavos de final).

- Bota de Oro de la Copa Mundial de la FIFA: 2018

- *Jugador del* año de la Premier League: 2020-21

Artillería

- Premier League 2015-16 (25 goles)

- Premier League 2016-17 (29 goles)

- Máximo goleador en 2017 (56 goles en 52 partidos).

- Copa Mundial de la FIFA 2018 (6 goles)

- Premier League 2020-21 (23 goles)

Registros

- Máximo goleador en un año natural en la Premier League: 2017 (39 goles).

- Máximo goleador de la historia de Inglaterra (53 goles)

- Máximo goleador histórico del Tottenham (280 goles)

- Jugador que más veces ha ganado el premio al Jugador del Mes de la Premier League

Otros libros de United Library

https://campsite.bio/unitedlibrary

Milton Keynes UK
Ingram Content Group UK Ltd.
UKHW020809080424
440801UK00015B/764

9 789464 902457